Carnet de *voyage*

Europe

QUELQUES INCONTOURNABLES ★★★
en France

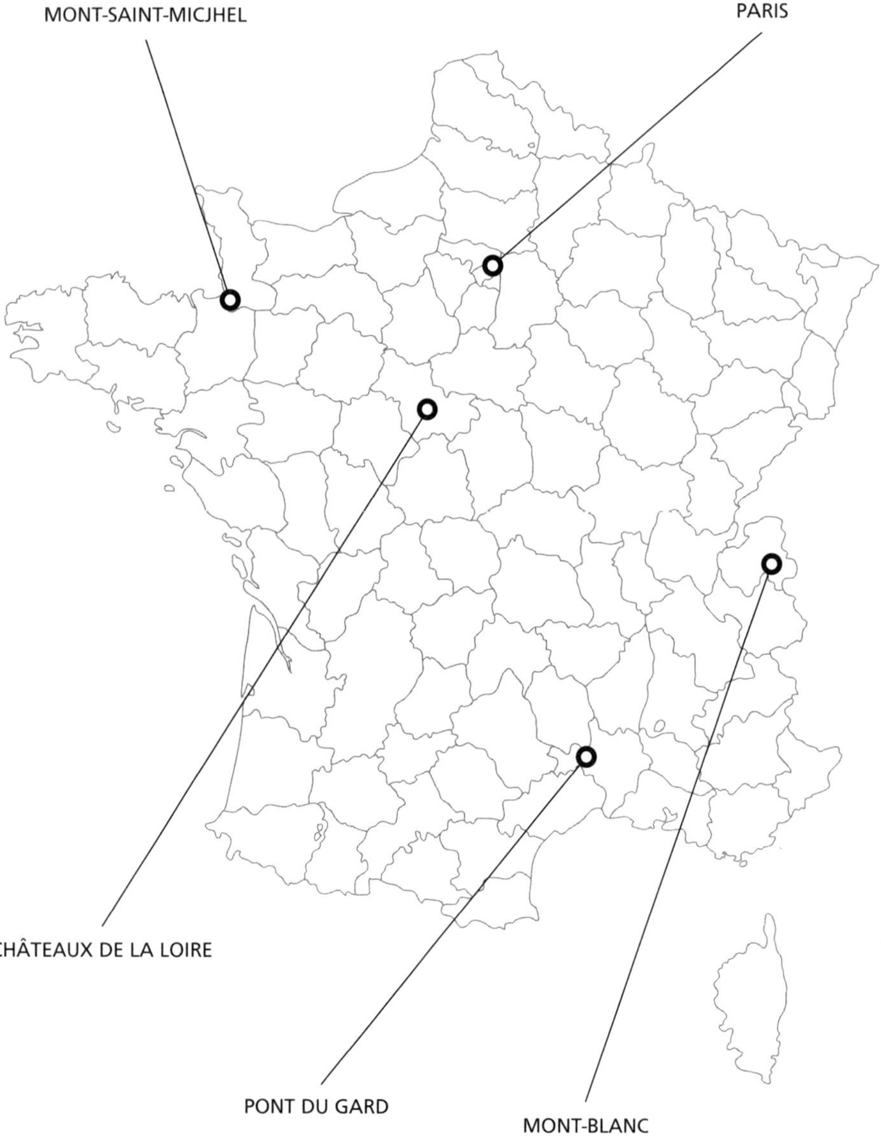

QUELQUES INCONTOURNABLES ★★★ *en Europe de l'Ouest*

QUELQUES INCONTOURNABLES ★★★
en Europe de l'Est

QUELQUES INCONTOURNABLES ★★★
en Europe du Nord

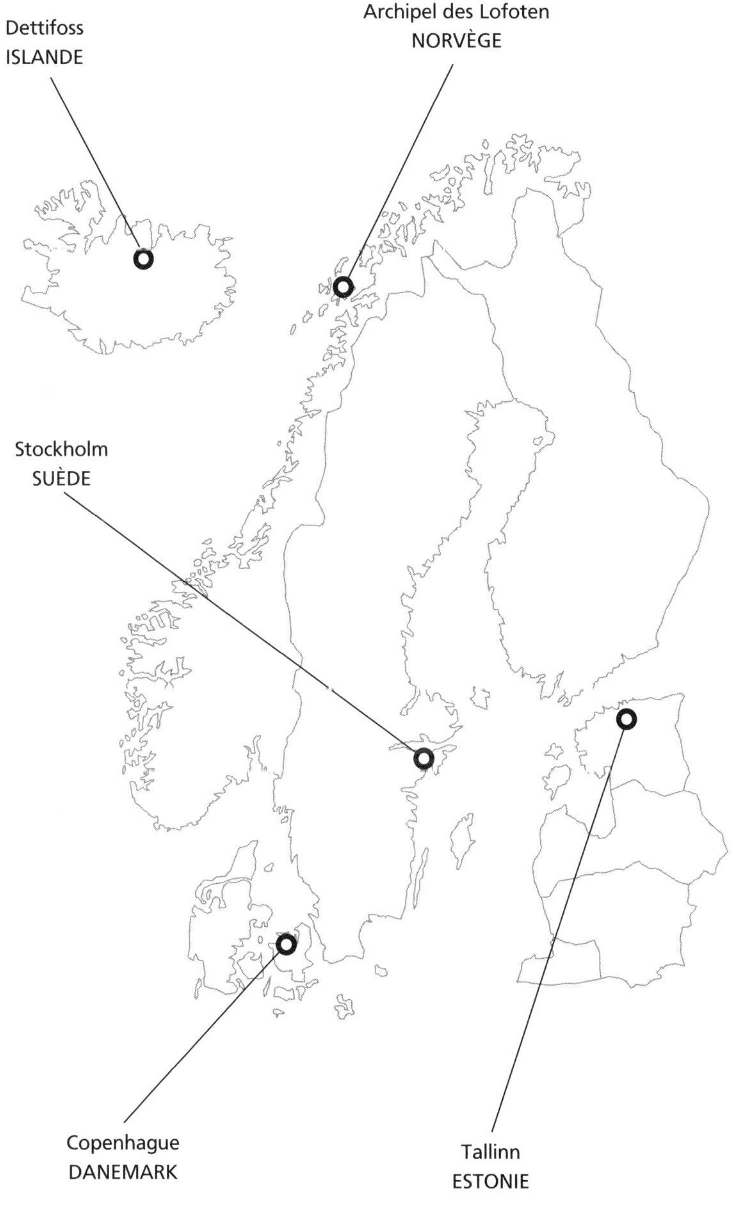

OÙ PARTIR POUR... ?

Quelques prétextes pour faire sa valise

Petit budget

Pays baltes

Roumanie, Hongrie, Bulgarie, Pologne

Pays des Balkans : Monténégro, Serbie, Croatie, Albanie

Espagne

Portugal

Magie de Noël

Nuremberg
(Allemagne)

Prague
(Tchéquie)

Strasbourg
(France)

Zagreb
(Croatie)

Riga
(Lettonie)

Les meilleures stations de ski

Zermatt et Gstaad
(Suisse)

Courchevel et Val d'Isère
(France)

Sölden
(Autriche)

Cortina d'Ampezzo
(Italie)

Geilo
(Norvège)

Festivals immanquables

Sziget
(Budapest, Hongrie)

Exit
(Novi Sad, Serbie)

Tomorrowland
(Boom, Belgique)

British Summer Time Hyde Park
(Londres, Royaume-Uni)

Primavera Sound Barcelona
(Barcelone, Espagne)

Destinations soleil, même en hiver

Andalousie
(Espagne)

Algarve
(Portugal)

Malte

Îles Canaries
(Espagne)

Sicile
(Italie)

Patrimoine éblouissant

Italie
France
Allemagne
Espagne
Grèce

Pour profiter de la nature

Slovénie
Suisse
Finlande
Islande
Madère

L'EUROPE EN TRAIN
Temps de trajets

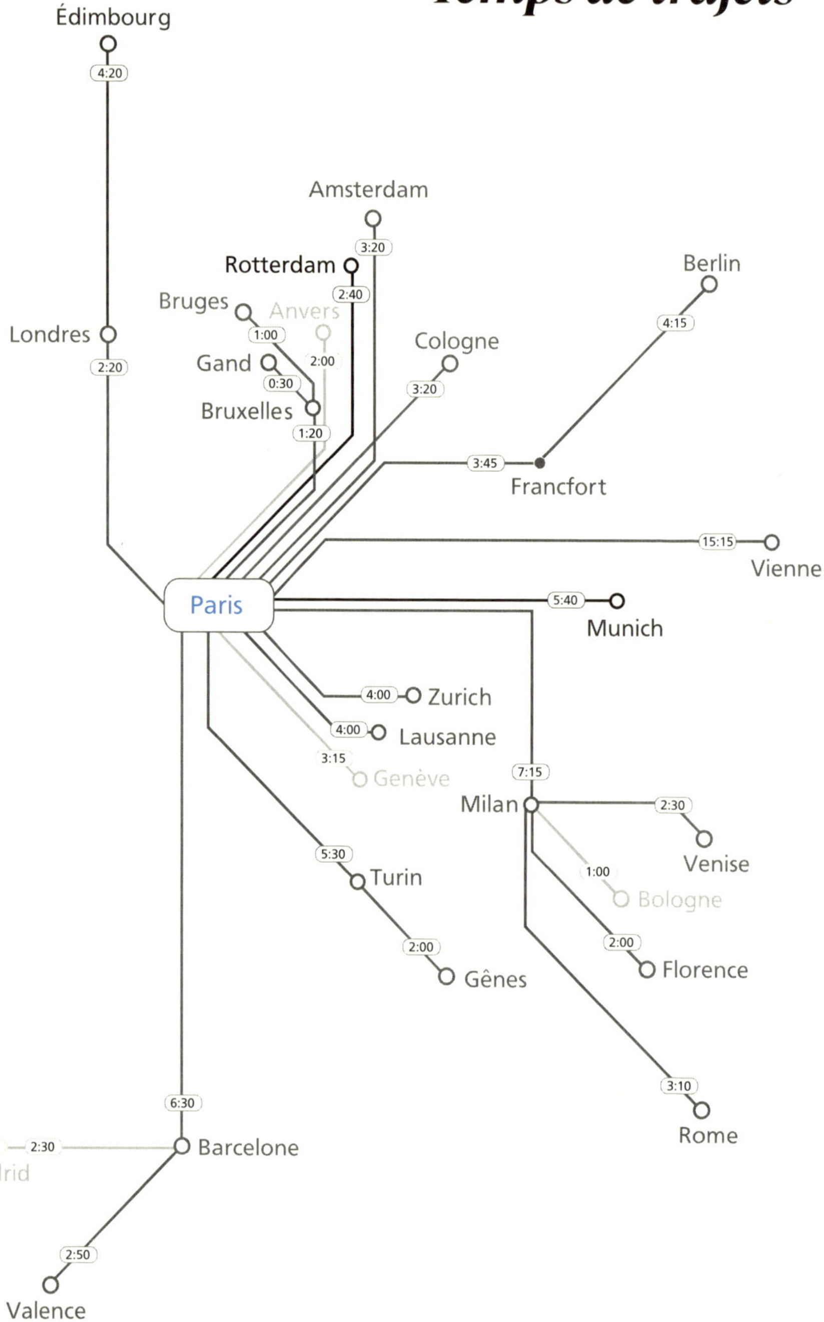

VOS DESTINATIONS PRÉFÉRÉES
en Europe

- [ ] ....
- [ ] ....
- [ ] ....
- [ ] ....
- [ ] ....
- [ ] ....
- [ ] ....
- [ ] ....
- [ ] ....
- [ ] ....

À FAIRE IMPÉRATIVEMENT
avant de partir

- ◯ Carte d'identité valide (Espace Schengen et Suisse)
- ◯ Passeport valide (pays hors Espace Schengen)
- ◯ Visa (pays hors Espace Schengen)
- ◯ Permis de conduire valide
- ◯ Carte européenne d'assurance maladie (CEAM)
- ◯ Assurance voyage
- ◯ Réservation des transports aller et retour
- ◯ Réservation voiture de location
- ◯ Réservation hébergement
- ◯ Change (si devise étrangère)
- ◯ Vérifier ce que couvre votre forfait de téléphone portable à l'étranger
- ◯ Pour votre animal : vaccin antirabique à jour, identification par tatouage ou puce électronique, certificat international de bonne santé

LES ESSENTIELS
à mettre dans sa valise

- [ ] Chaussures confortables pour marcher
- [ ] Lunettes de soleil
- [ ] Vêtement de pluie
- [ ] Vêtements adaptés à la météo de la destination

Selon certaines destinations

- [ ] Vêtement pour couvrir les épaules, les jambes
- [ ] Tote bag pour les achats
- [ ] Gourde
- [ ] Médicaments habituels
- [ ] Chargeur de téléphone et adaptateur
- [ ] Carnet de voyage !

Pour les destinations nature

- [ ] Chaussures de randonnée
- [ ] Maillot de bain
- [ ] Anti-moustique
- [ ] Chapeau

DÉCALAGE *horaire*

PARIS
12h00

LONDRES
11h00

DUBLIN
11h00

REYKJAVIK
11h00

LISBONNE
11h00

BUCAREST
13h00

ATHÈNES
13h00

TALLINN
13h00

HELSINKI
13h00

ISTANBUL
14H00

ST-PÉTERSBOURG
14H00

Préparation
du
voyage

LA DESTINATION
carte d'identité

Pays - région - ville ....

....

Capitale ....

Nom des habitants ....

Langue officielle ....

Monnaie ....

Indicatif téléphonique international ....

Numéro d'urgence national ....

Dessinez le drapeau

Pourquoi cette destination ?

....

....

....

....

....

....

....

LES TRANSPORTS POUR Y ALLER
En voiture

Ville de départ ....

Ville d'arrivée ....

Nombre de km ....

Nombre d'heures/jours ....

Heure de départ aller ....

Heure de départ retour ....

POUR Y ALLER
En train

Gare de départ ....

Gare d'arrivée ....

Nombre d'heures/jours ....

Correspondances ....

Numéro de train aller ....

Heure de départ/arrivée ....

Voiture et siège ....

Numéro de train retour ....

Heure de départ/arrivée ....

Voiture et siège ....

POUR Y ALLER
En avion

Aéroport de départ ....

Aéroport d'arrivée ....

Nombre d'heures ....

Escales ....

Numéro de vol aller ....

Heure de fin de check-in ....

Heure d'embarquement ....

Heure d'arrivée ....

Numéro de vol retour ....

Heure de fin de check-in ....

Heure d'embarquement ....

Heure d'arrivée ....

À FAIRE ET À VOIR
absolument

À FAIRE ET À VOIR *absolument*

- [ ] ....
- [ ] ....
- [ ] ....
- [ ] ....
- [ ] ....
- [ ] ....
- [ ] ....
- [ ] ....
- [ ] ....
- [ ] ....
- [ ] ....
- [ ] ....
- [ ] ....
- [ ] ....
- [ ] ....
- [ ] ....
- [ ] ....
- [ ] ....
- [ ] ....
- [ ] ....

LES TRANSPORTS
sur place

Destination

....
....

Lieu de départ

....
....

Train, avion n°

....
....

Date/heure de départ

....
....

Destination

....
....

Lieu de départ

....
....

Train, avion n°

....
....

Date/heure de départ

....
....

Destination	Lieu de départ
....	....
....	....

Train, avion n°	Date/heure de départ
....	....
....	....

Destination	Lieu de départ
....	....
....	....

Train, avion n°	Date/heure de départ
....	....
....	....

LES TRANSPORTS
sur place

Destination

....

....

Lieu de départ

....

....

Train, avion n°

....

....

Date/heure de départ

....

....

Destination

....

....

Lieu de départ

....

....

Train, avion n°

....

....

Date/heure de départ

....

....

Destination

Lieu de départ

Train, avion n°

Date/heure de départ

Destination

Lieu de départ

Train, avion n°

Date/heure de départ

LE BUDGET
avant le départ

Transports

€

Visas

€

Guides de voyage

€

Équipement spécial

€

Autres dépenses à anticiper

....

....

....

....

....

....

....

....

....

€

....

LE BUDGET *sur place*

Transports

Hébergements

Repas

Activités

Visites

Imprévus

LES HÉBERGEMENTS

Nom

....

Dates
du ....
au ....

Adresse
....
....

Nom

....

Dates
du ....
au ....

Adresse
....
....

Nom

....

Dates
du ....
au ....

Adresse
....
....

Nom

....

Dates
du ....
au ....

Adresse
....
....

Nom

....

Dates
du ....
au ....

Adresse
....
....

Nom

....

Dates
du ....
au ....

Adresse
....
....

Nom

....

Dates
du ....
au ....

Adresse
....
....

Nom

....

Dates
du ....
au ....

Adresse
....
....

LES HÉBERGEMENTS

Nom

....

Dates

du ....

au ....

Adresse

....

....

Nom

....

Dates

du ....

au ....

Adresse

....

....

Nom

....

Dates

du ....

au ....

Adresse

....

....

Nom

....

Dates

du ....

au ....

Adresse

....

....

Nom

....

Dates

du ....

au ....

Adresse

....

....

Nom

....

Dates

du ....

au ....

Adresse

....

....

Nom

....

Dates

du ....

au ....

Adresse

....

....

Nom

....

Dates

du ....

au ....

Adresse

....

....

PLAYLIST
de voyage

Titre ....

Artiste ....

Année ....

Genre musical ....

Titre ....

Artiste ....

Année ....

Genre musical ....

Titre ....

Artiste ....

Année ....

Genre musical ....

Titre ....

Artiste ....

Année ....

Genre musical ....

Titre ....

Artiste ....

Année ....

Genre musical ....

Titre ....
Artiste ....
Année ....
Genre musical ....

Titre ....
Artiste ....
Année ....
Genre musical ....

Titre ....
Artiste ....
Année ....
Genre musical ....

Titre ....
Artiste ....
Année ....
Genre musical ....

Titre ....
Artiste ....
Année ....
Genre musical ....

LES LIVRES
de la destination

Titre ....

Auteur ....

Année ....

Édition ....

Titre ....

Auteur ....

Année ....

Édition ....

Titre ....

Auteur ....

Année ....

Édition ....

Titre ....

Auteur ....

Année ....

Édition ....

Titre ....

Auteur ....

Année ....

Édition ....

Titre ....

Auteur ....

Année ....

Édition ....

Titre ....

Auteur ....

Année ....

Édition ....

Titre ....

Auteur ....

Année ....

Édition ....

Titre ....

Auteur ....

Année ....

Édition ....

Titre ....

Auteur ....

Année ....

Édition ....

LES FILMS
sur la destination

Titre ....

Réalisateur ....

Année ....

Acteurs principaux ....

....

Ce que j'en ai pensé ....

....

Titre ....

Réalisateur ....

Année ....

Acteurs principaux ....

....

Ce que j'en ai pensé ....

....

Titre ....

Réalisateur ....

Année ....

Acteurs principaux ....

....

Ce que j'en ai pensé ....

....

Titre ....

Réalisateur ....

Année ....

Acteurs principaux ....

....

Ce que j'en ai pensé ....

....

Titre ....

Réalisateur ....

Année ....

Acteurs principaux ....

....

Ce que j'en ai pensé ....

....

Titre ....

Réalisateur ....

Année ....

Acteurs principaux ....

....

Ce que j'en ai pensé ....

....

CARTES POSTALES
à envoyer

Destinataire ....

Pays ....

Adresse ....

Ville ....

Code postal ....

Destinataire ....

Pays ....

Adresse ....

Ville ....

Code postal ....

Destinataire ....

Pays ....

Adresse ....

Ville ....

Code postal ....

Destinataire ....

Pays ....

Adresse ....

Ville ....

Code postal ....

CARTES POSTALES
à envoyer

Destinataire ....

Pays ....

Adresse ....

Ville ....

Code postal ....

Destinataire ....

Pays ....

Adresse ....

Ville ....

Code postal ....

En avant
l'aventure

ITINÉRAIRES
les grandes étapes

Vous voyagez en itinérance ?
Dessinez votre road trip en indiquant vos étapes journalières.

Départ

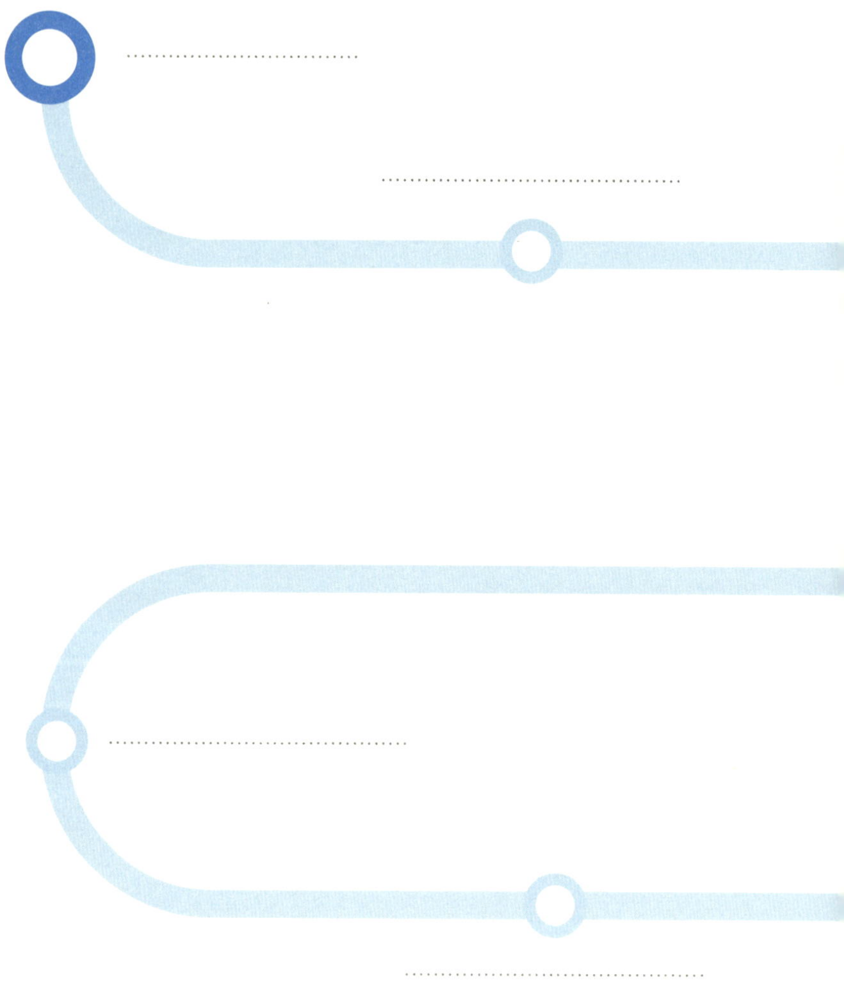

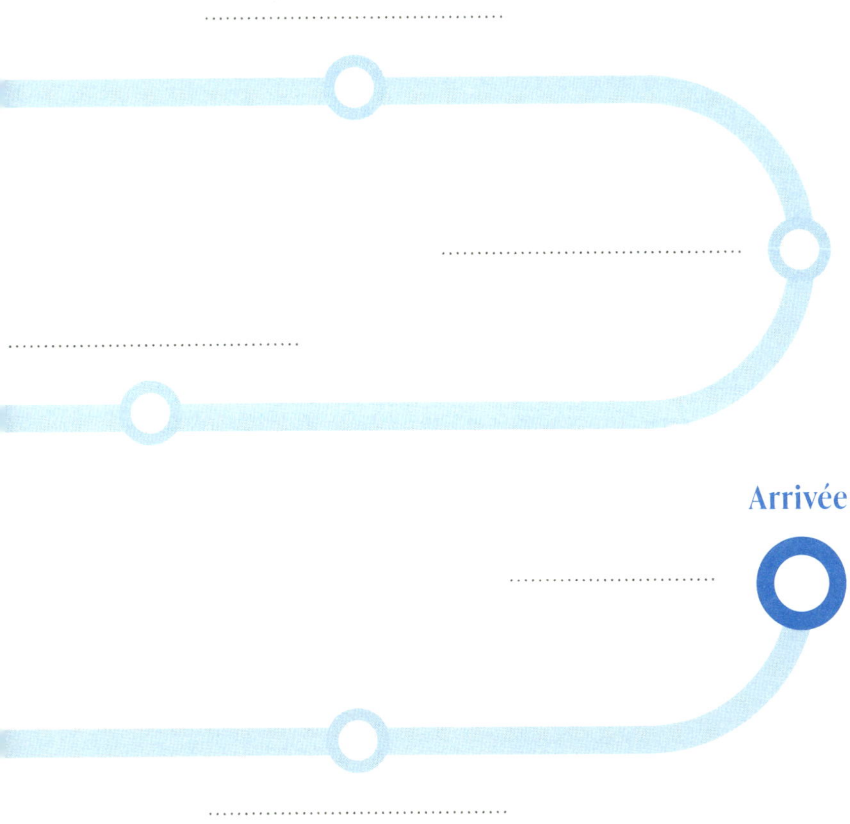
Arrivée

ITINÉRAIRES
les grandes étapes

Vous voyagez en itinérance ?
Dessinez votre road trip en indiquant vos étapes journalières.

Départ

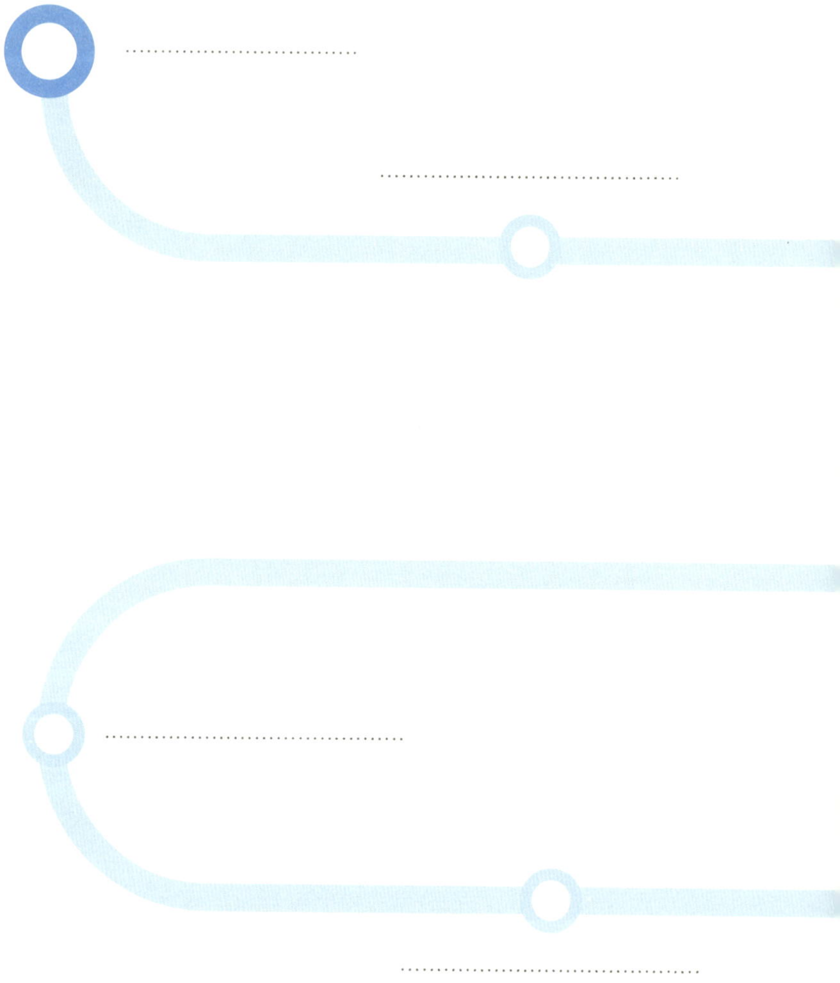

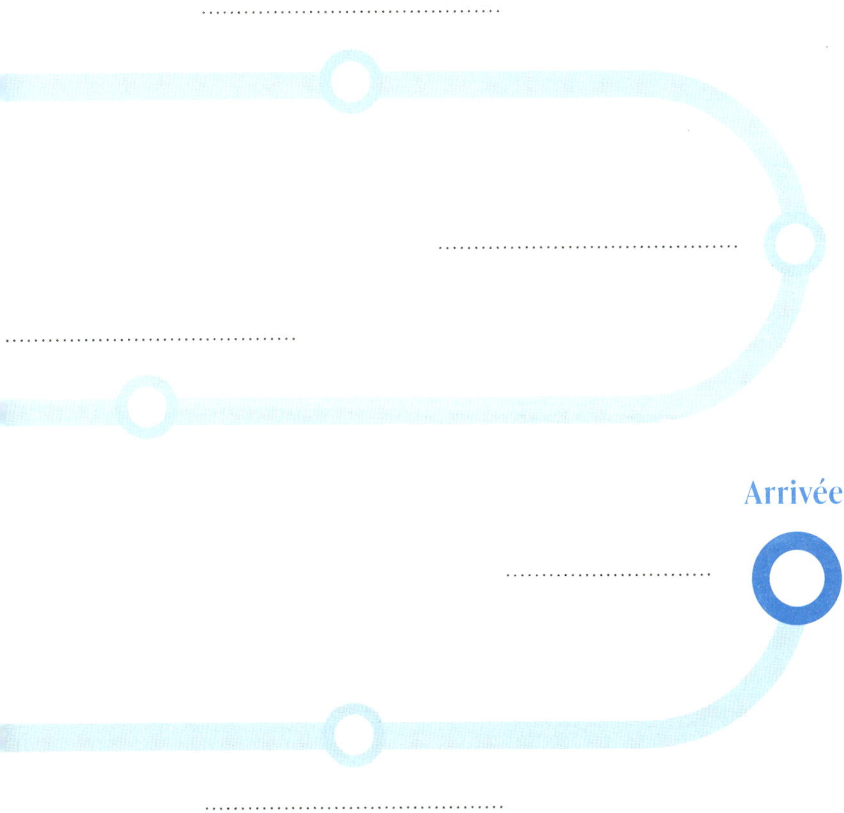
Arrivée

LE PROGRAMME
jour par jour

Jour ....

....

....

....

Jour ....

....

....

....

Jour ....

....

....

....

Jour ....

....

....

....

Jour ....

....

....

....

Jour ....

....

....

....

Jour ....

....

....

....

Jour ....

....

....

....

Jour ....

....

....

....

Jour ....

....

....

....

LE PROGRAMME *jour par jour*

Jour

Jour

Jour

Jour

Jour

Jour ....

....

....

....

Jour ....

....

....

....

Jour ....

....

....

....

Jour ....

....

....

....

Jour ....

....

....

....

CARNET DE BORD

Racontez votre voyage en mots et en images

VOS INCONTOURNABLES

notez-lez de 1 à 3 étoiles

★★★
Vaut le voyage
Pour une expérience unique et inoubliable

★★
Vaut le détour
J'y vais sans hésiter, un site remarquable

★
Vaut la visite
Je suis curieux, je pousse les portes !

Lieu ....

Étoile•s attribuée•s ....

Ce que vous avez aimé ....

....

....

Lieu ....

Étoile•s attribuée•s ....

Ce que vous avez aimé ....

....

....

Lieu ....

Étoile•s attribuée•s ....

Ce que vous avez aimé ....

....

....

Lieu ....

Étoile•s attribuée•s ....

Ce que vous avez aimé ....

....

....

Lieu ....

Étoile•s attribuée•s ....

Ce que vous avez aimé ....

....

....

Lieu ....

Étoile•s attribuée•s ....

Ce que vous avez aimé ....

....

....

Lieu ....

Étoile•s attribuée•s ....

Ce que vous avez aimé ....

....

....

Lieu ....

Étoile•s attribuée•s ....

Ce que vous avez aimé ....

....

....

Lieu ....

Étoile•s attribuée•s ....

Ce que vous avez aimé ....

....

....

Lieu ....

Étoile•s attribuée•s ....

Ce que vous avez aimé ....

....

....

Lieu ....

Étoile•s attribuée•s ....

Ce que vous avez aimé ....

....

....

Lieu ……………………………………………………………………

Étoile•s attribuée•s ……………………………………………………………

Ce que vous avez aimé ………………………………………………………

……………………………………………………………………………………

……………………………………………………………………………………

Lieu ……………………………………………………………………

Étoile•s attribuée•s ……………………………………………………………

Ce que vous avez aimé ………………………………………………………

……………………………………………………………………………………

……………………………………………………………………………………

Lieu ……………………………………………………………………

Étoile•s attribuée•s ……………………………………………………………

Ce que vous avez aimé ………………………………………………………

……………………………………………………………………………………

……………………………………………………………………………………

Lieu ……………………………………………………………………

Étoile•s attribuée•s ……………………………………………………………

Ce que vous avez aimé ………………………………………………………

……………………………………………………………………………………

……………………………………………………………………………………

VOS COUPS DE CŒUR

Vos plus beaux souvenirs de voyage

VOS TOP 5
Listez-les ici

Villes

1 ....

2 ....

3 ....

4 ....

5 ....

Monuments

1 ....

2 ....

3 ....

4 ....

5 ....

Plages

1 ....

2 ....

3 ....

4 ....

5 ....

Sorties

1 ....

2 ....

3 ....

4 ....

5 ....

VOS COUPS DE CŒUR

Vos plus beaux souvenirs de voyage

VOS TOP 5
Listez-les ici

Activités

1 ....

2 ....

3 ....

4 ....

5 ....

Sites naturels

1 ....

2 ....

3 ....

4 ....

5 ....

Musées

1 ....

2 ....

3 ....

4 ....

5 ....

Randonnées

1 ....

2 ....

3 ....

4 ....

5 ....

CE QUI VOUS A SURPRIS

Racontez-le

LES PLATS
que vous avez aimés

Nom du plat ....

Origine ....

Composition ....

....

Nom du plat ....

Origine ....

Composition ....

....

Nom du plat ....

Origine ....

Composition ....

....

Nom du plat ....

Origine ....

Composition ....

....

Nom du plat ....

Origine ....

Composition ....

....

Nom du plat ....

Origine ....

Composition ....

....

Nom du plat ....

Origine ....

Composition ....

....

Nom du plat ....

Origine ....

Composition ....

....

Nom du plat ....

Origine ....

Composition ....

....

Nom du plat ....

Origine ....

Composition ....

....

LES RECETTES *à tester*

Nom du plat ....

Temps de préparation ....

Temps de cuisson ....

....

Ingrédients ....

....

Recette ....

....

....

....

....

....

....

....

....

....

....

....

....

....

....

Nom du plat ....

Temps de préparation ....

Temps de cuisson ....

....

Ingrédients ....

....

Recette ....

....

....

....

....

....

....

....

....

....

....

....

....

....

....

LES RECETTES
à tester

Nom du plat ....

Temps de préparation ....

Temps de cuisson ....

....

Ingrédients ....

....

Recette ....

....

....

....

....

....

....

....

....

....

....

....

....

....

....

Nom du plat ....

Temps de préparation ....

Temps de cuisson ....

....

Ingrédients ....

....

Recette ....

....

....

....

....

....

....

....

....

....

....

....

....

....

....

VOS ADRESSES PRÉFÉRÉES
restaurants

Nom du restaurant ....

Adresse ....

....

Type de cuisine ....

....

Nom du restaurant ....

Adresse ....

....

Type de cuisine ....

....

Nom du restaurant ....

Adresse ....

....

Type de cuisine ....

....

Nom du restaurant ....

Adresse ....

....

Type de cuisine ....

....

Nom du restaurant ....

Adresse ....

....

Type de cuisine ....

....

Nom du restaurant ....

Adresse ....

....

Type de cuisine ....

....

Nom du restaurant ....

Adresse ....

....

Type de cuisine ....

....

Nom du restaurant ....

Adresse ....

....

Type de cuisine ....

....

VOS ADRESSES PRÉFÉRÉES
lieux de sortie

Nom ....

Adresse ....

....

Caractéristiques ....

....

Nom ....

Adresse ....

....

Caractéristiques ....

....

Nom ....

Adresse ....

....

Caractéristiques ....

....

Nom ....

Adresse ....

....

Caractéristiques ....

....

Nom ....

Adresse ....

....

Caractéristiques ....

....

Nom ....

Adresse ....

....

Caractéristiques ....

....

Nom ....

Adresse ....

....

Caractéristiques ....

....

Nom ....

Adresse ....

....

Caractéristiques ....

....

VOS ADRESSES PRÉFÉRÉES
boutiques

Nom ....

Adresse ....

....

Type de boutique ....

....

Nom ....

Adresse ....

....

Type de boutique ....

....

Nom ....

Adresse ....

....

Type de boutique ....

....

Nom ....

Adresse ....

....

Type de boutique ....

....

VOS ADRESSES PRÉFÉRÉES
autres adresses

Nom ....

Adresse ....

....

Type de boutique ....

....

Nom ....

Adresse ....

....

Type de boutique ....

....

Nom ....

Adresse ....

....

Type de boutique ....

....

Nom ....

Adresse ....

....

Type de boutique ....

....

VOS AMIS
de voyage

Nom ....

Prénom ....

Téléphone ....

Email ....

Adresse postale

....

....

Nom ....

Prénom ....

Téléphone ....

Email ....

Adresse postale

....

....

Nom ....

Prénom ....

Téléphone ....

Email ....

Adresse postale

....

....

Nom **Prénom**

Téléphone Email

Adresse postale

Nom **Prénom**

Téléphone Email

Adresse postale

Nom **Prénom**

Téléphone Email

Adresse postale

VOTRE VOYAGE
en 10 mots

1

....

2

....

3

....

4

....

5

....

6

7

8

9

10

LEXIQUE
pour jouer les polyglottes

Français-Anglais

- **COMMUNIQUER**

bonjour/bonsoir : good morning/good evening

salut (informel) : hello, hi

au revoir : goodbye

s'il-vous-plaît/merci : please/thank you

oui/non : yes/no

excusez-moi : excuse me

Parlez-vous français ? Do you speak French?

Je ne comprends pas : I don't understand

- **SE DÉPLACER**

aéroport : airport

gare : station

métro : subway

train : train

bus : bus

à gauche : on the left

à droite : on the right

tout droit : straight ahead

- **DEMANDER**

Combien coûte... ? How much does it cost?

L'addition s'il vous plaît : The bill, please

Où sont les toilettes ? Where are the toilettes?

Où puis-je trouver un distributeur d'argent ? Where can I find an ATM?

J'ai besoin d'aide ! I need help!

Français-Espagnol

- **COMMUNIQUER**

bonjour/bonsoir : buenos días (matin) buenas tardes (après-midi)/buenas noches

salut (informel) : hola

au revoir : adiós

s'il-vous-plaît/merci : por favor/gracias

oui/non : sí/no

Excusez-moi : Perdón, disculpe

Parlez-vous français ?
¿Habla francés?

Je ne comprends pas :
No entiendo

- **SE DÉPLACER**

aéroport : aeropuerto

gare : estación

métro : metro

train : tren

bus : autobús

à gauche : a la izquierda

à droite : a la derecha

tout droit : todo recto

- **DEMANDER**

Combien coûte... ?
¿Cuánto vale...?

L'addition s'il vous plaît :
La cuenta, por favor

Où sont les toilettes ?
¿Dónde está el baño?

Où puis-je trouver un distributeur d'argent ?
¿Dónde puedo encontrar un cajero automático?

J'ai besoin d'aide !
Necesito ayuda!

Français-Allemand

- **COMMUNIQUER**

bonjour/bonsoir :
guten Morgen (matin) guten Tag (après-midi)/guten Abend

salut (informel) : hallo

au revoir : auf Wiedersehen

s'il-vous-plaît/merci :
bitte/danke

oui/non : Ja/ Nein

excusez-moi : Entschuldigung

Parlez-vous français ?
Sprechen Sie Französisch?

Je ne comprends pas :
Ich verstehe nicht

- **SE DÉPLACER**

aéroport : (der) Flughafen

gare : (der) Bahnhof

métro : (die) U-Bahn

tramway : (die) Straßenbahn

train : (der) Zug

bus : (der) Bus

à gauche : nach links

à droite : nach rechts

tout droit : geradeaus

- **DEMANDER**

Combien coûte... ?
Wieviel kostet...?

L'addition s'il vous plaît ?
Zahlen, bitte!

Où sont les toilettes ?
Wo sind die Toiletten?

Où puis-je trouver un distributeur d'argent ?
Wo ist ein Geldautomat?

J'ai besoin d'aide ! :
Ich brauche Hilfe!

Français-Italien

- **COMMUNIQUER**

bonjour/bonsoir : buongiorno/buonasera

salut (informel) : ciao

au revoir : arrivederci

s'il-vous-plaît/merci :
per favore/grazie

oui/non : Sì/No

excusez-moi : scusi/mi scusi

Parlez-vous français ?
Parla francese?

Je ne comprends pas :
Non capisco

- **SE DÉPLACER**

aéroport : aeroporto

gare : stazione

métro : metro

tramway : tram

train : treno

bus : autobus

taxi : taxi

à gauche : a sinistra

à droite : a destra

tout droit : sempre d(i)ritto

- **DEMANDER**

Combien coûte... ?
Quanto costa...?

L'addition s'il vous plaît :
Il conto, per favore

Où sont les toilettes ?
Dov'è il bagno?

Où puis-je trouver un distributeur d'argent ?
Dove posso trovare un bancomat?

J'ai besoin d'aide !
Ho bisogno di aiuto!

Français-Portugais

• COMMUNIQUER

bonjour/bonsoir : bom dia (matin)/boa tarde (après-midi et soir)

salut (informel) : olá

au revoir : adeus

s'il-vous-plaît/merci : por favor/obrigado (obrigada pour les femmes)

oui/non : sim/não

excusez-moi : desculpe

Parlez-vous français ? Você fala francês?

Je ne comprends pas : Não percebi

• SE DÉPLACER

aéroport : aeroporto

gare : estação

métro : metro

tramway : eléctrico

train : comboio

bus : autocarro

à gauche : à esquerda

à droite : à direita

tout droit : direto/reto

• DEMANDER

Combien coûte... ? Quanto custa...?

L'addition s'il vous plaît : A conta, por favor

Où sont les toilettes ? Onde está a casa de banho?

Où puis-je trouver un distributeur d'argent ? Onde posso encontrar um distribuidor de dinheiro?

J'ai besoin d'aide ! Necessito de ajuda!

GUIDE
MICHELIN
VOYAGE & CULTURES
Provence
Bouches-du-Rhône | Vaucluse
Corée du Sud
ÎLES CANARIES
*Disponibles en
version numérique
PRÉPAREZ
VOS VOYAGES
AVEC
UN
GUIDE
MICHELIN
VOYAGE & CULTURES
MICHELIN
©Unsplash - Silas Baisch

NOS GUIDES SUR LA FRANCE

Grands formats :

- Alpes du Nord
- Alpes du Sud
- Alsace
- Ardèche, Drôme
- Auvergne
- Bourgogne
- Bretagne Nord
- Bretagne Sud
- Champagne, Ardenne
- Les Charentes
- Châteaux de la Loire
- Chemin de St-Jacques-de-Compostelle
- Corse
- Côte d'Azur, Monaco
- Escapades autour de Paris
- France
- Franche-Comté, Jura
- Gironde, Landes et Lot-et-Garonne
- Grands Sites d'Occitanie
- Languedoc
- Limousin, Berry
- Lorraine
- Lot, Aveyron, Vallée du Tarn
- Lyon et sa région
- Midi toulousain
- Nord Pas-de-Calais
- Normandie, Cotentin
- Normandie, Vallée de Seine
- Paris
- Pays basque, Béarn et Navarre
- Pays de la Loire
- Périgord, Quercy, Dordogne, Lot
- Picardie, Baie de Somme
- Plages du Débarquement et bataille de Normandie
- Poitou
- Provence
- Roussillon, Aude, Pays Cathare
- Savoie, Mont Blanc

Petits formats :

- Aix-en-Provence
- L'Auvergne des volcans
- Baie du Mont-Saint-Michel
- Biarritz, Bayonne et la côte basque
- Bordeaux
- Bretagne Nord
- Caen
- Cévennes et les gorges du Tarn
- Châteaux de la Loire
- Corse
- Corse - Rando et Plongée
- Lille
- Littoral vendéen
- Lyon
- Marseille
- Montpellier
- Nancy
- Nantes
- Nice
- Paris
- Rennes
- La route des vins d'Alsace
- Saint-Etienne
- Strasbourg
- Toulouse
- Vallée de la Charente
- Vannes et le golfe du Morbihan

GUIDE
MICHELIN
VOYAGE & CULTURES
Andalousie
MICHELIN

NOS GUIDES SUR L'EUROPE

Grands formats :

- Allemagne Nord et Centre
- Allemagne du Sud, Bavière
- Andalousie
- Angleterre, Pays de Galles
- Autriche
- Barcelone et la Catalogne
- Belgique
- Crète
- Croatie
- Danemark, Suède
- Écosse
- Espagne
- Espagne Atlantique (Pays basque, Navarre, Cantabrie, Asturies, Galice)
- Espagne du Centre (Madrid, Castille et Estrémadure)
- Espagne côté Est (Valence, Murcie et Aragon)
- Grèce continentale
- Hongrie
- Îles grecques, Athènes
- Irlande
- Islande
- Italie
- Italie du Nord
- Italie du Sud
- Lacs italiens, Milan et la Lombardie
- Londres
- Norvège
- Pays-Bas
- Pologne
- Portugal
- Pouilles et Basilicate
- Prague
- Rome
- Roumanie
- Sardaigne
- Sicile
- Suisse
- Toscane, Ombrie
- Venise

Petits formats :

- Algarve
- Amsterdam
- Andalousie
- Anvers
- Athènes
- Barcelone
- Berlin
- Bilbao Saint-Sébastien
- Bruges
- Bruxelles
- Budapest
- Îles Canaries
- Copenhague
- Cracovie
- Cyclades
- Dublin
- Édimbourg
- Florence
- Francfort
- Gênes Cinque Terre et Portofino
- Genève Lausanne
- Grenade, Málaga
- Hambourg
- Ibiza, Formentera
- Istanbul
- Jersey, Guernesey
- Lac Balaton
- Lisbonne
- Londres
- Luxembourg
- Madère
- Madrid
- Majorque, Minorque
- Malte
- Milan
- Monténégro
- Munich et la Bavière
- Naples et Pompéi
- Oslo
- Palerme
- Péloponnèse et Athènes
- Porto
- Prague
- Rome
- Séville
- Sicile Est (Catane, Taormine, Syracuse)
- Stockholm
- Toscane
- Turin
- Valence
- Varsovie
- Venise
- Vienne

NOS GUIDES SUR LE MONDE

Grands formats :

- Afrique du Sud
- Argentine
- Australie
- Bali Lombok
- Boston et la Nouvelle-Angleterre
- Brésil
- Californie
- Cambodge, Laos
- Canada Ouest
- Chine, Hong-Kong
- Colombie
- Corée du Sud
- Costa Rica
- Cuba
- États-Unis
- Floride
- Grands Parcs de l'Ouest américain
- Guadeloupe
- Indonésie
- Japon
- Louisiane et Sud-Est américain
- Maroc
- Martinique
- Maurice, Rodrigues
- Mexique
- New York
- Nord-Est américain
- Nord-Ouest américain
- Pérou
- Québec et provinces de l'Atlantique

GUIDE
MICHELIN
VOYAGE & CULTURES
Corée du Sud

Directeur de collection : Philippe Orain

Éditrice : Hélène Payelle

Marketing : Camille Therville

Direction de la Fabrication : Sandrine Combeau

Fabrication : Renaud Leblanc

Conception graphique : Shim Sham

Contacts
Vous souhaitez nous contacter ? Rendez-vous dans la rubrique contact de notre site internet : editions.michelin.com

Parution 2025

MIXTE
Papier | Pour une gestion forestière responsable
FSC® C207668
FSC www.fsc.org

MICHELIN Éditions
Société par actions simplifiée au capital de 487 500 EUR
57 rue Gaston Tessier – 75019 Paris (France)
R.C.S. Paris 882 639 354

Dépôt légal : 04-2025 – ISSN 0293-9436
Imprimé en Chine : 01-2025
Imprimeur New Central Printing (Hong Kong) Ltd.
Block A22, Fusheng 8th Road, New Industry
Fu Cheng Ao, Longgang District
Shenzhen 518111

Sur du papier issu de forêts bien gérées